Georg Stein

BOB DYLAN

Temples In Flames

Special thanks to:

Helga Behrendt, Kathrin Razum, Horst Schrader, Marion Saalborn, Katja Schnurr, Jürgen Waßer, Harald Müller, Manfred Metzner, Simon Lissner, Stefan Schöbel, Hajo Leib

CIP–Titelaufnahme der Deutschen Bibliothek

Bob Dylan, Tom Petty And The Heartbreakers und Roger M[a]cGuinn : Temples In Flames / Georg Stein. Mit e. Vorw. von Wolfgang Niedecken. Text von Martin Schäfer.– Heidelberg : PALMYRA, 1989
ISBN 3–9802298–0–7
NE: Stein, Georg [Ill.]; Schäfer, Martin [Mitverf.]

Fotos: Georg Stein/außer: S. 20 (Patrice Tiktiner/Media) und S. 31 (Hanoch Guthmann)

Buchgestaltung: Georg Stein und Ingrid Bombsch

Satz: Cyan, Heidelberg

Lithos, Druck und Bindung: Fuldaer Verlagsanstalt, Fulda

Printed in West Germany

ISBN 3–9802298–0–7

Georg Stein

BOB DYLAN

Tom Petty And The Heartbreakers und Roger McGuinn

Temples In Flames

Mit einem Vorwort von Wolfgang Niedecken

Text von Martin Schäfer

PALMYRA

Inhalt

Love Is All There Is . . .

Vorwort

Das Vorwort zu einem Bob Dylan-Bildband soll ich also schreiben. Ich schiebe das jetzt, aus mindestens drei Gründen, seit gut zwei Monaten vor mir her. Der erste ist der simpelste: Unsere Da-Capo-Tour, inklusive Nachwehen, ließ mich nicht dazukommen. Der zweite ist schon schwerwiegender: Dieses Buch werden wohl vor allem die absoluten Dylan-Freaks in die Hände bekommen, und vor vielen von denen habe ich einen gewissen Horror, seit ich seinerzeit für eine Musikzeitschrift — in wohlwollend kritischer Form — die LP „Infidels" besprochen habe. Für diese Zeitgenossen hat man beispielsweise einfach *jedes* noch so popelige Bootleg mit *jedem* noch so lustlos runtergehuddelten, uninspirierten Song *genial* zu finden, sonst gibt´s Saures. Das hatte ich nicht gewußt, denn den „Guru" zu kritisieren scheint so etwas wie Blasphemie zu sein. Der dritte Grund ist schließlich für mich der gravierendste: So ein Vorwort soll kurz sein, und gerade das ist für mich das größte Problem, denn was lasse ich weg von dem ganzen Wust, der mir zum Thema Dylan einfällt? Fange ich da an, wo mir Mitte der 60er Jahre der Sänger meiner damaligen Schülerband (in der ich mich noch als Drummer versuchte) „Like A Rolling Stone" vorsang und ich instinktiv spürte, daß das etwas Besonderes war, obwohl ich mir den Refrain fälschlicherweise mit „Ich mag einen von den Rolling Stones" übersetzte und höre bei meinem vorerst letzten Dylan-Eindruck, dem Traveling Wilburys-Projekt auf, so wird es alles nur kein Fotoband...und das dürfte nicht im Sinne des Erfinders sein.

Als Bruce Springsteen vor einiger Zeit das Vorwort zur Chuck Berry-Autobiographie beisteuerte, machte er das mit der Story „Als wir einmal die Backing Group von C.B. waren". Ich hingegen habe derlei (leider) nicht zu bieten. Ich kann im besten Fall davon berichten, daß ich inzwischen dreimal das — zugegebenermaßen sentimentale — Hochgefühl genossen habe, auf derselben Bühne aufzutreten, auf der ich „IHN" zuvor erlebt hatte. Das erste Mal war 1982 in der Dortmunder Westfalenhalle, das zweite Mal, ebenfalls 1982, auf der Loreley und das dritte Mal 1988 in der Frankfurter Festhalle, obwohl: von Hochgefühl konnte diesmal eigentlich nicht die Rede sein, Melancholie war es wohl eher. Von Dylans „Temples In Flames"-Tour, mit Roger McGuinn als Special Guest, Tom Petty And The Heartbreakers *und* Backing Group, hatte ich damals, kurz vor unserer China-Reise, einfach mehr erwartet, zumal das Video vom ersten Teil dieser Tour („Hard To Handle") ja auch recht vielversprechend ausgefallen war. War im ersten Teil des Programms, sowohl bei Roger McGuinn als auch bei Tom Petty, noch so etwas wie Spielfreude auszumachen, so schien diese wie wegbefohlen, als der eigentliche Headliner zur Tat schritt. Als wäre er beleidigt über den mäßigen Vorverkauf, enterte er grußlos die Bühne, spielte — wie im Scherenschnitt, fast ausschließlich von hinten beleuchtet — muffelig sein Set runter und verschwand ebenso unverbindlich wie er gekommen war. An diesem Abend hatte ich meinem durchaus interessierten Freund und Mitmusikanten Kalau beim besten Willen nicht vermitteln können „wat ich ahn dämm Typ su jeil finge". „Benn schon ens nohm Bier Stand!", hatte der mich gut eine halbe Stunde vor Schluß wissen lassen und weg war er. Schade, denn 1984 im Offenbacher Stadion wäre er wahrscheinlich geblieben, hätte meine Begeisterung nachempfinden können, obwohl einiges von dem, was ich später an Bootlegs von der ´87er Tour *gehört* habe, zu meiner Verwunderung dann doch noch relativ passabel klang. Die durch die verschiedensten Faktoren beeinträchtigte Gesamtatmosphäre *und* die lustlose Performance hatten ein positives Konzerterlebnis jedenfalls für einen Dylan-Unkundigen offensichtlich unmöglich gemacht.

Was das mit der Scherenschnitt-Beleuchtung auf sich hatte, ist mir erst klar geworden, als mir Georg Stein eine Vorauswahl von Fotos für dieses Buch zeigte: Dylan scheint es schlicht und ergreifend einfach mies zu gehen. Aufgedunsen sieht er aus. Abgesehen davon, daß wir alle nicht jünger werden und mich sein seelischer Zustand eigentlich auch recht wenig angeht, beobachte ich in vielen seiner Texte seit „Blood On The Tracks" einen („Lonely At The Top") einsamen, suchenden Mann, der den Blues lebt, einen mit einem sehr, sehr menschlichen Problem, für den die religiöse Phase von „Slow Train Coming" über „Saved" bis hin zu „Shot Of Love" anscheinend nur eine Art Zwischenlösung, eine Verschnaufpause war. Eine zentrale Passage, die mir in letzter Zeit immer öfter in den Sinn kommt, wenn ich über Dylan nachdenke, ist eine aus dem Text „I And I" von der LP „Infidels", der ersten Platte *nach* der religiösen Phase, einer äußerst widersprüchlichen LP, die aber gerade deshalb wieder den verwundbaren, unsicheren Sucher zeigt, der er wohl immer war, auch wenn er drei LPs lang — wunschdenkenderweise — versucht hatte, den gegenteiligen Eindruck, den des Finders zu erwecken:

> Jemand anderes spricht aus meinem Mund,
> doch ich höre nur auf mein Herz.
> Ich habe Schuhe für jeden gemacht, sogar dir,
> während ich immer noch barfuß gehe.

Kaum habe ich diese Nummer gehört, drängt sich mir erneut die Frage auf: Habe ich eigentlich das Recht, von diesem Poeten, der die Rocklyrik vor dem Verblöden bewahrt hat, dessen textliche Einflüsse sowohl Lennon/McCartney wie Jagger/ Richards und auch Ray Davies (um nur die *mir* wichtigsten zu nennen) in die richtige Richtung geschickt haben, zu verlangen, daß er — artig den Gesetzen des Showbiz folgend — nett zum Publikum ist, wenn ihm nicht danach ist, daß er sich anbiedert? Ist es nicht vielmehr so, daß ich froh sein sollte über jeden der sich *nicht* in die Schubladen und Schablonen der Unterhaltungsbranche mit ihren pflegeleichten, sendefähigen Dreieinhalb-Minuten-Songs pressen läßt, der nur redet, wenn er etwas zu sagen hat und sein Publikum nicht mit überflüssigem Pflicht-Smalltalk belätschert? Eigentlich sollte ich mich freuen über die wenigen Gelegenheiten, authentische Musik von *Menschen* zu hören, die nicht — was in Sachen Legendenbildung natürlich immer viel besser ankommt — der zynischen Spielregel „live fast, die young" gefolgt sind, die eben *nicht* jung gestorben sind, die, wie Keith Richards unlängst in einem Interview sagte, „mehr als fünfundzwanzig Jahre Rock´n´ Roll-Integrität auf dem Buckel haben" und sich schon von daher weder ihrer physischen noch ihrer psychischen Falten zu schämen brauchen. Es mag ein Widerspruch zum gerade Geschriebenen sein, aber von mir aus sei denen auch, wenn ihnen danach ist, das Privileg der „Scherenschnitt-Beleuchtung" gegönnt, auch wenn ich es persönlich da sogar bei eingeschaltetem Saallicht (wie es Van Morrison weiland praktizierte) noch schöner gefunden hätte.

Ich mag die Kraft dieser Leute, ich brauche sie, ja ich zapfe mir ab und zu sogar immer nochmal etwas davon ab; und da bin ich bestimmt nicht der Einzige. Das hat absolut nichts mit Nostalgie zu tun, denn ihre Power ist eine zeitlose. Sie ist die Wurzel, aus der zwischenzeitlich die verschiedensten Triebe, von Alarm bis U 2 (Love Rescue Me!), von Dire Straits bis zu R.E.M., den Waterboys, Suzanne Vega, Tracy Chapman und, und, und gespeist worden sind. Wohlgemerkt: Es muß einem ja bei weitem nicht alles gefallen, was sie so rauslassen, und man sollte sich tunlichst davor hüten, neuere Entwicklungen zu ignorieren (ganz abgesehen davon, daß vieles in der Rezeption jeglicher Kunst ohnehin Geschmacksache ist und bleibt) — aber Respekt haben sie allemal verdient. Ich für meinen Teil kann es jedenfalls nach wie vor kaum erwarten, wenn es heißt, daß uns bald wieder etwas Neues vom „Meister" ins Haus steht...und das wird auch so bleiben. Hoffentlich kommt noch recht viel!

Wolfgang Niedecken, Köln, Februar 1989

Don´t Follow Leaders . . .

. . . Trust Yourself.
BD

"TEMPLES IN FLAMES" EUROPE '87
Dylan
Petty
AND
THE
HEARTBREAKERS

BOB DYLAN
TEMPLES IN FLAMES
L'Avvenimento dell'Anno
BOB DYLAN
Vendita Biglietti presso il Botteghino
del PALAEUR
WITH TOM PETTY
& THE HEARTBREAKERS
+ ROGER Mc GUINN
ROMA-PALAEUR
SABATO
3
PREZZO BIGLIETTO L. 30.000 + DIR. PREV.

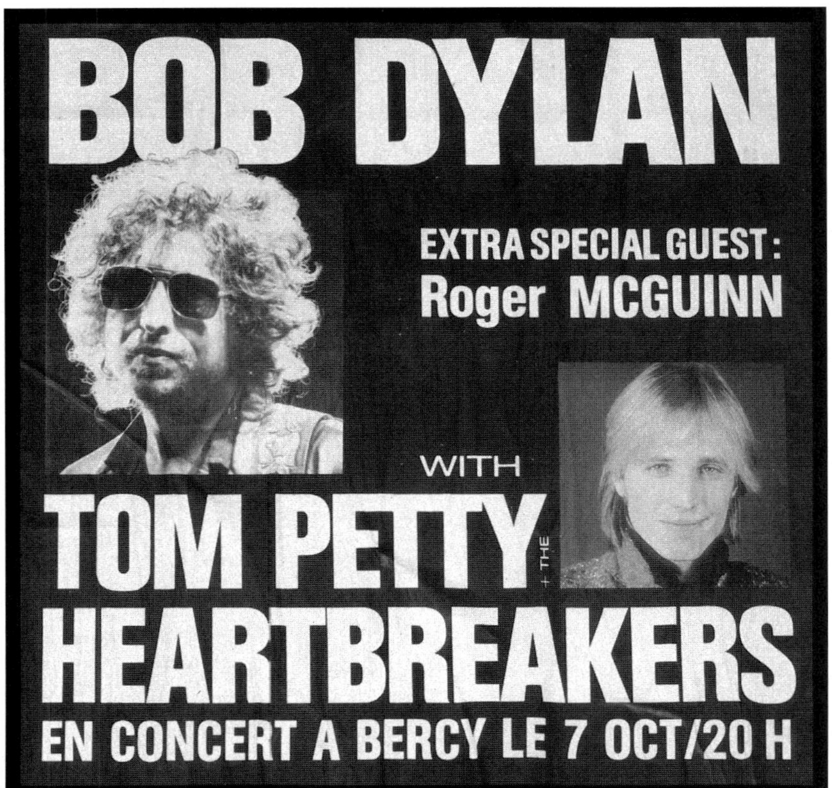
BOB DYLAN
EXTRA SPECIAL GUEST:
Roger MCGUINN
WITH
TOM PETTY
+ THE
HEARTBREAKERS
EN CONCERT A BERCY LE 7 OCT/20 H

Dylan Petty Heart-breakers
EUROPEAN TOUR
GUEST
"TEMPLES IN FLAMES"

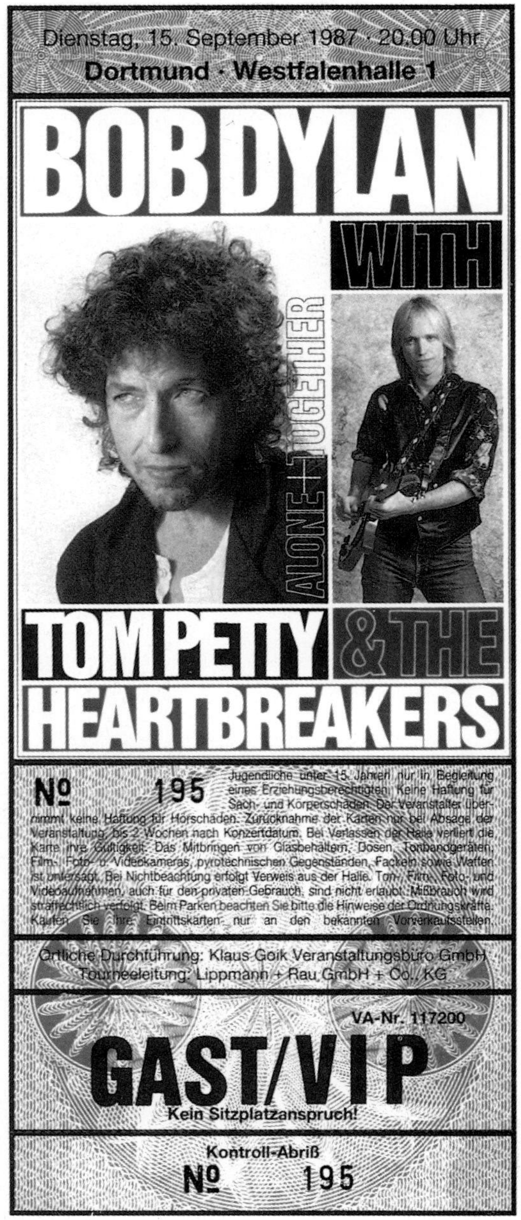

Dienstag, 15. September 1987 · 20.00 Uhr
Dortmund · Westfalenhalle 1
BOB DYLAN
WITH
ALONE + TOGETHER
TOM PETTY & THE
HEARTBREAKERS
№ 195
Jugendliche unter 15 Jahren nur in Begleitung eines Erziehungsberechtigten. Keine Haftung für Sach- und Körperschäden. Der Veranstalter übernimmt keine Haftung für Hörschäden. Zurücknahme der Karten nur bei Absage der Veranstaltung, bis 2 Wochen nach Konzertdatum. Bei Verlassen der Halle verliert die Karte ihre Gültigkeit. Das Mitbringen von Glasbehältern, Dosen, Tonbandgeräten, Film-, Foto- u. Videokameras, pyrotechnischen Gegenständen, Fackeln sowie Waffen ist untersagt. Bei Nichtbeachtung erfolgt Verweis aus der Halle. Ton-, Film-, Foto- und Videoaufnahmen, auch für den privaten Gebrauch, sind nicht erlaubt. Mißbrauch wird strafrechtlich verfolgt. Beim Parken beachten Sie bitte die Hinweise der Ordnungskräfte. Kaufen Sie Ihre Eintrittskarten nur an den bekannten Vorverkaufsstellen.
Örtliche Durchführung: Klaus Goik Veranstaltungsbüro GmbH
Tourneeleitung: Lippmann + Rau GmbH + Co., KG
VA-Nr. 117200
GAST/VIP
Kein Sitzplatzanspruch!
Kontroll-Abriß
№ 195

Fender

FRIEDEN MUP PEACE PAIX FRIEDEN

Shalom, Bob
Jesus·is·the·Lord

TAMA

TAMA

Dimmer #1
Dimmer #2
Dimmer #3
110V
110V

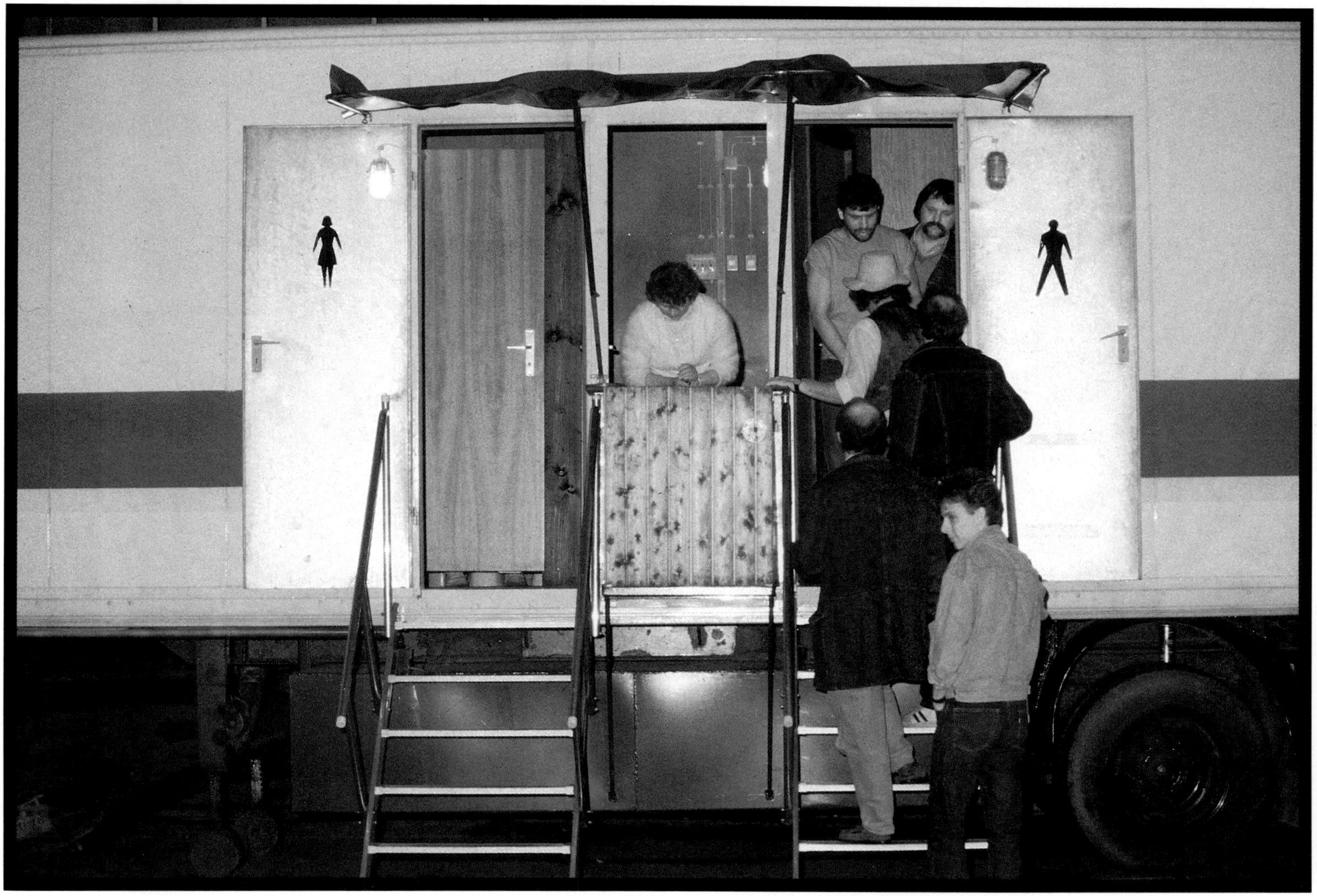

FLAMES
TOUR
TOM PETT
HEARTBREAKER

BOB DYLAN
JIM MORRISON

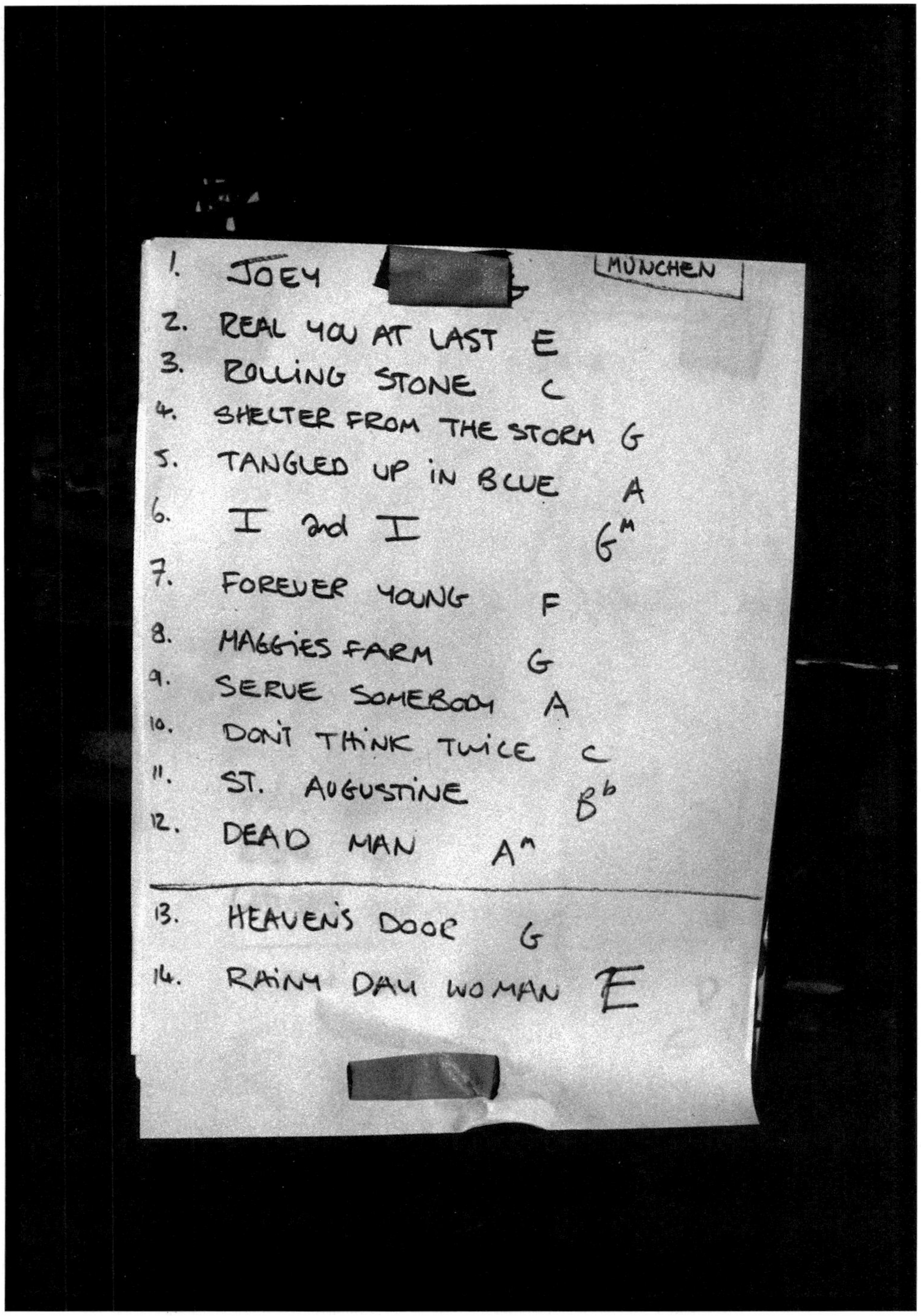
MUNCHEN
1. JOEY
2. REAL YOU AT LAST E
3. ROLLING STONE C
4. SHELTER FROM THE STORM G
5. TANGLED UP IN BLUE A
6. I and I Gm
7. FOREVER YOUNG F
8. MAGGIES FARM G
9. SERVE SOMEBODY A
10. DON'T THINK TWICE C
11. ST. AUGUSTINE Bb
12. DEAD MAN Am
13. HEAVEN'S DOOR G
14. RAINY DAY WOMAN E

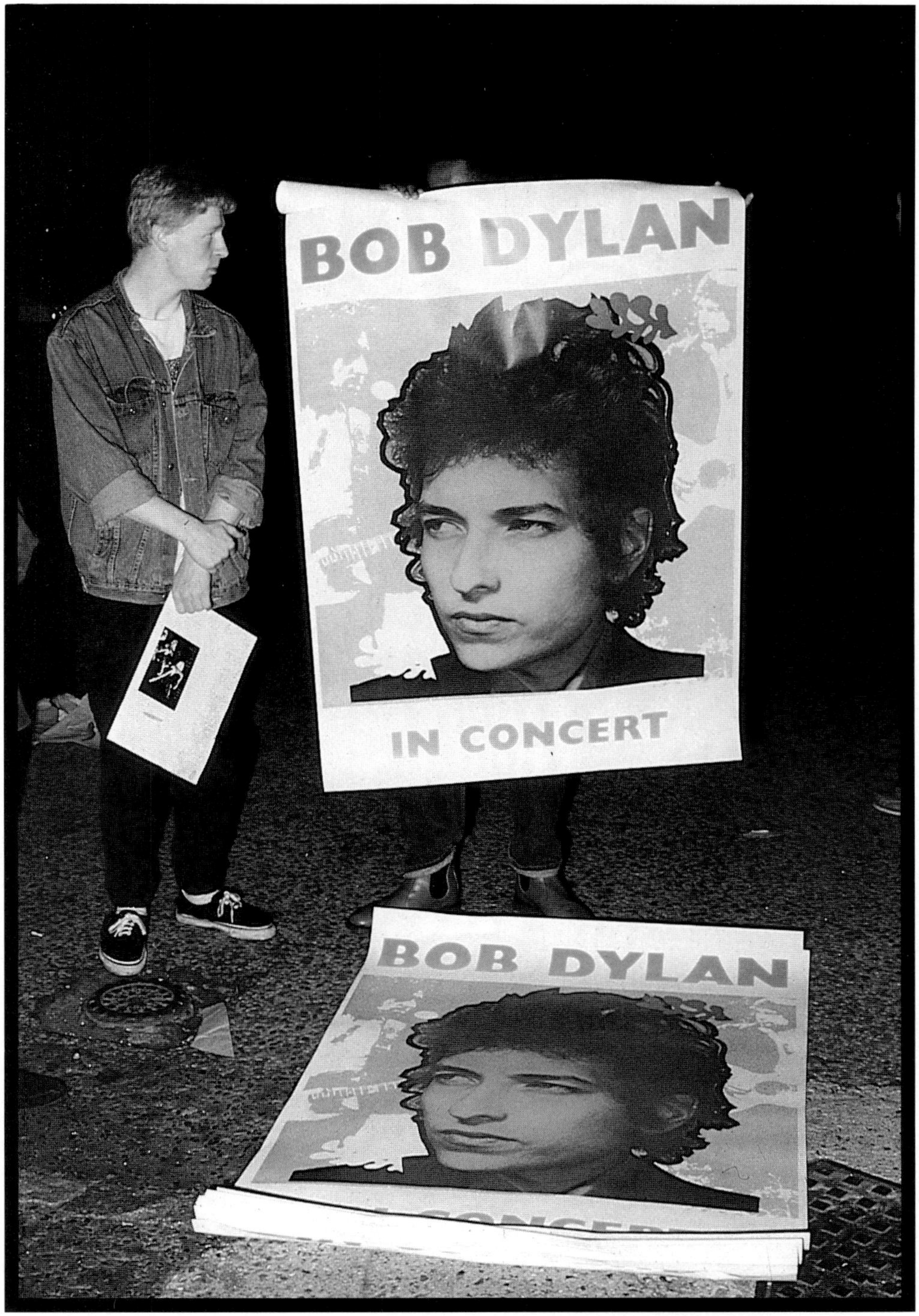
BOB DYLAN
IN CONCERT
BOB DYLAN

BOB DYLAN
TOM PETTY
HEARTBREAKERS
THE TRUE CONFESSIONS TOUR '87
13 TURIN
14 MANNHEIM
15 DORTMUND
16 NURNBERG
20 HANNOVER
26 STOCKOLM
28 FRANKFURT
29 STUTTGART
30 MUNICH
1 VERONA
4 MILAN
6 LOCARNO
7 PARIS
10 BIRMINGHAM
11 BIRMINGHAM
12 BIRMINGHAM
14 LONDON
15 LONDON
KNOCKED OUT LOADED
BOB DYLAN
BOB DYLAN
EUROPEAN TOUR 87
EUROPEAN BOB DYLAN TOUR 87
BOB DYLAN 1987
BOB DYLAN 1987

BOB DYLAN WORLD TOUR
BOB DYLAN WORLD TOUR
BOB DYLAN WORLD TOUR
BOB DYLAN WORLD TOUR '87
BOB DYLAN WORLD TOUR
BOB DYLAN WORLD TOUR '87
BOB DYLAN
TOM PETTY
HEARTBREAKERS
TOUR '87

Tel: 0379 51021
Telex: 975549 TRUKIT G
ROBERT
IS THE A
SHIT
BABY BEST
DUDE
IS BETTER!
THAN WHAT?
WE LOVE
BOBODYLAN
SET I
LONG VEHICLE
LONG VEHICLE

I ♥ Dylan

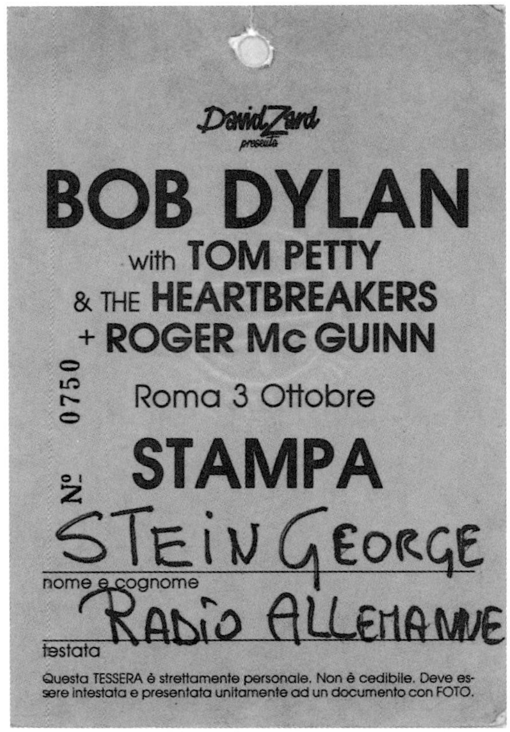
David Zard presenta
BOB DYLAN
with TOM PETTY
& THE HEARTBREAKERS
+ ROGER Mc GUINN
Roma 3 Ottobre
STAMPA
Nº 0750
STEIN GEORGE
nome e cognome
RADIO ALLEMANNE
testata
Questa TESSERA è strettamente personale. Non è cedibile. Deve essere intestata e presentata unitamente ad un documento con FOTO.

„Mystery Is A Fact“

Die wechselnden Gesichter des Bob Dylan

Von Martin Schäfer

Der Mann mit der Bob-Dylan-Maske

Bob Dylan gibt es nicht, er hat sich erfunden. Er war es selbst, der einst den Spruch von der Bob-Dylan-Maske geprägt hat, an Halloween 1964, dem Abend vor Allerheiligen, an dem sich die Kinder in Amerika maskieren dürfen. Auf einem Konzert in der New Yorker Philharmonic Hall hatte er gesagt: „Es ist Halloween — und ich habe meine Bob-Dylan-Maske auf.“ Später, auf der „Rolling-Thunder“-Tournee von 1975/76, ist er gelegentlich mit einer *richtigen* Bob-Dylan-Maske aufgetreten, die er in einem Laden gefunden hatte, einmal sogar zusammen mit Joan Baez, die ebenfalls eine Dylan-Maske trug und ihre berüchtigte Dylan-Parodie zum besten gab. Und das Publikum wußte nicht, wer der *echte* Bob Dylan war... (Im ebenso umstrittenen wie monumentalen filmischen Selbstporträt „Renaldo & Clara“ spielt Bob Dylan einen gewissen Renaldo, seine damalige Frau Sara spielt Clara — während der kanadische Rockabilly-Sänger Ronnie Hawkins Bob Dylan spielt und Joan Baez dessen Frau...) Der Witz liegt natürlich darin, daß „Bob Dylan“ tatsächlich ein *Alias* ist — „Alias“ hieß Dylan in Sam Peckinpahs „Pat Garrett & Billy The Kid“ — ein erfundener, wenn auch längst, seit 1962 legalisierter Künstlername: die öffentliche Fassade, die sich ein jüdischer Kaufmannssohn aus Hibbing (Minnesota) zugelegt hatte und hinter der er sich so lange versteckte, bis es kein Entkommen mehr gab.

Wie John Lennon in Liverpool, Mick Jagger in London, Eric Burdon in Newcastle, wie die ganze zweite Rock-Generation, die nach den Pionieren der fünfziger Jahre gekommen war und das Fundament gelegt hatte für die vielbeschworenen Sixties, hatte sich auch Robert Zimmerman noch als Teenager praktisch eine neue Identität, einen neuen kulturellen Background und eine neue Vergangenheit geschaffen aus der Musik seiner frühen Idole: Hank Williams, Elvis Presley, Little Richard, Chuck Berry, Buddy Holly, aus schwarzem Rhythm & Blues und weißem Rockabilly, bald aber auch aus den dahinterliegenden tieferen Quellen der Volksmusik, Woody Guthrie, Robert Johnson, Leadbelly usw. (Heute hat er mit den Cover-Versionen von „Down In The Groove" und den Folk-Songs der neuesten Tourneen auch wieder bewußt dahin zurückgefunden.) Und wenn dem aufsteigenden Star Dylan gelegentlich die Lügenmärchen seiner ersten Interviews vorgeworfen wurden, dann geschah das in eigentlich naiver Verkennung der Tatsache, daß er ja von Anfang an eine *Rolle* gespielt hatte; der engelhafte Chorknabe mit der Stimme eines alten Schwarzen, eben genauso wie Mick Jagger, der in einem englischen Pub den amerikanischen Blues imitierte, oder der Ire Van Morrison, der in der Bundesrepublik für die G.I.s Ray Charles darstellte. Warum sind sie in der Folge millionenfach angekommen bei einer ganzen Generation von Heranwachsenden? Die Jugend Westeuropas und Nordamerikas war auf der Suche nach einem Ersatz für eine als unglaubwürdig empfundene überlieferte Kultur, für die ihr angebotene unbefriedigende Identität. Sie fand eine mögliche Alternative in der Musik der Unterprivilegierten der USA, in der Direktheit von Blues und Rock´n´Roll. Bob Dylan hat diese Suche nach einer eigenen Identität, und das Problem der Identität überhaupt, zu seinem Thema gemacht.

Denn was er bot, war von allem Anfang an mehr als „nur" Musik. Zwar war seine Wirkung immer primär von der Musik ausgegangen, von seiner *Art* , seine Texte zu singen. Doch diese Texte unterschieden sich radikal von dem, was die „Rock-A-Day Johnnies" der fünfziger Jahre (wie er sie im „Talkin´ World War III Blues" verspottete) zu sagen oder oft nicht zu sagen gehabt hatten — und sie unterschieden sich auch immer mehr von den Songs der Folk-Vorbilder. Bob Dylan schrieb, nach einer ersten Phase der genialen Nachahmung, ganz einfach die besten politischen Protestlieder weit und breit, Songs die im Einklang schienen mit der Aufbruchsstimmung, dem optimistischen Idealismus der Kennedy-Jahre. Als er sich dann — *wieder* , aber das wußte damals niemand — dem Rock zuwendete, war der Schock wohl unvermeidlich. Und daß er nur ein besseres Vehikel gesucht hatte für die Verbreitung seiner „Botschaft", das war offensichtlich falsch, denn zugleich waren die Texte schwieriger geworden, quasi surrealistische Traumgedichte, an denen sich auch Englischkundige vergeblich die Zähne ausbeißen konnten. Irgendwie schien er mehr zu verlangen, schien auch sich selbst und uns, seine Zuhörer, in Frage zu stellen. Erst allmählich verstanden wir, daß Dylan jetzt das Bestehende noch viel radikaler attackierte als zuvor. Andere waren schneller: zwei schwarze

Aktivisten des „Student Non-Violent Coordinating Committee", Huey Newton und Bobby Seale, gründeten die „Black Panthers" zu den Klängen von Dylans „Ballad Of A Thin Man": „And you know something is happening, but you don´t know what it is, do you, Mister Jones..."

Dylan war nicht der einzige, der nach dem Kennedy-Mord den Glauben an die Macht der Lieder verloren hatte. Während kurzsichtige Kritiker ihn des Verrats bezichtigten, des Ausverkaufs an das böse kommerzielle Rock-Business, wurde er effektiv zu einer Art Symbolfigur für Marcuses „große Weigerung": „It Ain´t Me, Babe" — er wollte auch nicht mehr der politische Held oder Anti-Held sein, zu dem ihn die Medien kurzfristig emporstilisiert hatten. Dahinter stand freilich keine politische Theorie, sondern die schmerzliche Erfahrung der Widersprüche, in die sich ein erfolgreicher „Protestsänger" zwangsläufig verwickelt. Schon im Frühjahr 1963 zensierte der CBS-Konzern Dylans anti-antikommunistische Satire „Talkin´ John Birch Society Blues", zunächst im Fernsehen und dann auch auf Platte. Er hatte bloß die Wahl, nachzugeben oder auf die massenhafte Verbreitung aller übrigen Songs ebenfalls zu verzichten. Er gab nach. Im August des gleichen Jahres trat er bei Martin Luther Kings Marsch nach Washington auf, aber mehr denn je überkam ihn ein Gefühl der Ohnmacht: Alles, was er erreichte, war, daß er selbst immer bekannter wurde, und das auch noch aus den falschen Gründen.

In einem Interview sagte er später, es sei nicht sinnlos, sich für Frieden und Gerechtigkeit einzusetzen, wohl aber für die *Sache* des Friedens und der Gerechtigkeit — das sei, wie wenn man am „Stück Butter" interessierter sei als an der Butter selbst. Ein Zwischenfall kurz nach Kennedys Tod illustriert diesen kryptischen Satz. Dylan erhielt den „Tom Paine Award" für seinen Einsatz für die Bürgerrechtsbewegung. Vor einem Publikum von etablierten New Yorker Liberalen sollte er sich bedanken, sprach aber stattdessen von seinem Verständnis für den Kennedy-Mörder Lee Harvey Oswald, in dem er eine verwirrte und hilflose Seele vermutete. Buhrufe und Zischen waren die Antwort; diese „engagierten" Bürger waren nicht imstande, hinter dem politischen Ereignis die menschliche Verstrickung zu sehen. Kurz darauf schrieb Dylan das Lied „Chimes Of Freedom" — „For every hung-up person in the whole wide universe..."

„Don't Follow Leaders"

Er kehrte also aller eindimensionalen Politik den Rücken. Stimmrecht für die Schwarzen sei in Ordnung, aber von der Armut der stimmberechtigten Schwarzen rede niemand, und für wen sollten sie überhaupt stimmen? Solche Sätze äußerte Dylan noch vor den Ghetto-Aufständen von Detroit und Watts (Los Angeles). Schon auf seiner vierten Platte, 1964, fühlte er sich gedrängt, „Another Side Of Bob Dylan" preiszugeben. Er sang davon, daß er sich — predigend — in eben das verwandelt habe, was er bekämpfen wollte („My Back Pages"). 1965 erschien seine erste eigentliche Rockplatte, die Single „Subterranean Homesick Blues". Musikalisch war die Platte fast eine Kopie von Chuck Berrys „Too Much Monkey Business" und vom Text her scheinbar chaotisch, ein Wortlabyrinth, aus dem einzelne Zeilen hervorsprangen wie „Don´t follow leaders". Auf der darauffolgenden England-Tournee (sie ist in D.A. Pennebakers Film „Don't Look Back" dokumentiert) sang er zwar noch die „Fingerzeiglieder" (sein eigenes Wort), aber immer lustloser. Dann gelang ihm der ganz große Wurf: „Like A Rolling Stone". Der Titel war inspiriert von Hank Williams´ „Lost Highway", aber das brauchte niemand zu wissen. Das Lied war eine Unabhängigkeitserklärung von aller Politik, Moral und Tradition, eine Begründung des Vorrangs der eigenen Erfahrungen und Bedürfnisse. Es war, bemerkenswerterweise, auch Dylans erster großer Renner in den Hitparaden („Blowin´ In The Wind" war nur duch das süßliche Folk-Trio Peter, Paul & Mary zu solchen Ehren gekommen). Er konkurrierte — was für ein historischer Moment — mit der Rock-Version der Byrds von Dylans eigenem „Mr. Tambourine Man", aber auch mit „Satisfaction" von den Rolling Stones, „Help" von den Beatles und mit „My Generation" von den Who, alles Lieder, die in ihrer Aussage mindestens mitgeprägt waren von Dylan. Der hatte in den Jahren zuvor bewiesen, daß populäre Musik eben mehr sein kann als „Tell your ma, tell your pa, our love´s a-gonna grow ooh-ah ooh-ah", wie Dylan die „Rock-A-Day Johnnies" paraphrasiert hatte.

Mit „Like A Rolling Stone" war aber auch der (später klassisch genannte) Dylan-Sound entstanden: zu seiner nasalen, durchdringenden Stimme und der Mundharmonika kamen die klingenden elektrischen Gitarren (zu Beginn Mike Bloomfield, später Robbie Robertson) und vor allem die ebenfalls elektrische Orgel, die er bei der Animals-Fassung von „House Of The Rising Sun" so bewundert hatte. Auf dem Folk-Festival von Newport 1965 fühlte sich Dylan sicher genug, um mit dieser Rock-Band vor sein altes Publikum zu treten. Hitzige Auseinandersetzungen waren die Folge, die noch im Jahr darauf in Europa, vor allem in England und Frankreich, ihre Fortsetzung finden sollten. Von Juli 1965 bis Juni 1966 war Dylans Leben ein einziger wilder Zirkus von Tourneen, Studioaufnahmen, Interviews... Daß er in dieser Zeit produktiver war denn je, grenzt an ein Wunder — ein Wunder, das (nach eigenen Aussagen) auch nur mit Hilfe stimulierender Drogen aufrechterhalten werden konnte. Nach „Like A Rolling Stone" erschien die großartige LP „Highway 61 Revisited", von der er noch heute sagt, daß er sie wohl nie übertreffen könne. Ferner gab es eine neue Single, „Positively 4th Street" (ein mögliches Spottlied auf die alten Freunde, die ihn im Stich gelassen hatten), dann die erste Aufnahme mit The Hawks, der späteren The Band, die ihren alten Arbeitgeber Ronnie Hawkins im Stich gelassen hatten für dieses seltsame „Boy Wonder" („Can You Please Crawl Out Of Your Window?" war der bezeichnende Titel), und schließlich das berühmt-berüchtigte „Rainy Day Women No. 12 & 35" mit dem zweideutigen Refrain „Everybody Must Get Stoned"... Im Mai 1966 wurde „Blonde On Blonde" veröffentlicht, das erste Doppelalbum der Rockgeschichte, und am 29. Juli fuhr Bob Dylan mit dem Motorrad über eine Kurve hinaus und brach sich den Hals.

Oder so hieß es damals wenigstens. Wie schwer Dylan wirklich verletzt wurde, ist bis heute umstritten. Er selbst sagte später, er habe einsehen müssen, daß er nicht im selben wahnwitzigen Stil weiterleben konnte. Auf jeden Fall hörte man anderthalb Jahre nichts mehr von ihm. Zurückgezogen lebte er mit seiner Frau und einer wachsenden Kinderschar auf dem Land, in der Nähe des später berühmten Woodstock im Staat New York. Als er sich 1968 mit der LP „John Wesley Harding" wieder der Öffentlichkeit stellte, schien er völlig gewandelt: die Musik traditionell, nahe bei Folk und Country; die Texte biblisch ernst im Ton, voll mit (teilweise ambivalenten) moralischen Leitsätzen. „Nashville Skyline" (1969) ging noch weiter; anscheinend wollte Dylan auf jede verbindliche Aussage verzichten. Er verschanzte sich hinter der Gemütlichkeit und den Platitüden der als reaktionär verschrienen Country-Musik, und sein eigenes altes Liebeslied „Girl From The North Country" nahm er gar im Duett mit dem Country-Star Johnny Cash auf.

Im August 1969 gab er seinen ersten großen Auftritt nach dem Unfall: auf der englischen Insel Wight, vor 300 000 Menschen, die gekommen waren, die Galionsfigur einer inzwischen blühenden „Gegenkultur" zu sehen. War er es noch? Im weißen Anzug trat er vor die Jeans-Legionen, zwar begleitet von The Band, aber durchaus im Stil von „Nashville Skyline": wieder kein einziges vordergründig politisches Lied, und sogar „Like A Rolling Stone" klang direkt mild. In dieser Zeit kamen die (absurden) Gerüchte auf, Bob Dylan sei in Wirklichkeit von der CIA ermordet und durch ein Double ersetzt worden. Oder: er sei heroinsüchtig und nur noch an Geld interessiert, die These von Alan J. Webermans „Dylan Liberation Front". Das Album „Self Portrait" (1970) tat ein übriges, indem es noch den letzten Rest an künstlerischer Glaubwürdigkeit zu zerstören schien — ein „Selbstporträt" aus fast lauter Fremdkompositionen, abgestandenen Schlagern wie Bécauds „Let It Be Me" oder „Blue Moon", gesungen in der abwesenden Manier eines Landedelmanns. Und doch wirkten manche der fremden Titel wie ironische Kommentare zu Dylans Position gegenüber seinen Fans und Kritikern: „I Forgot More Than You´ll Ever Know" und „Take Me As I Am (Or Let Me Go)"... Was war wirklich mit ihm los?

Bob Dylans Plattenveröffentlichungen, das ist schon oft gesagt worden, waren von Anfang an nur ein mehr oder weniger willkürlicher Ausschnitt aus seinem Schaffen — die Seite von ihm, die er in einem gegebenen Moment preisgeben wollte. In den Jahren des „Schweigens" hatte er zusammen mit The Band intensiv gearbeitet (oder gespielt), aber die so entstandenen Lieder — die den vermeintlich abrupten Übergang von „Blonde On Blonde" zu „John Wesley Harding" hätten erklären können — wurden aus unerfindlichen Gründen nicht veröffentlicht, sondern zunächst ausschließlich anderen Sängern und Gruppen zur Verfügung gestellt. Das erste Dylan-Lied, das nach dem Unfall neu an die Öffentlichkeit gelangte, war — im Herbst 1967 — „Too Much Of Nothing" in der Version von Peter, Paul & Mary. „Zu viel Nichts / Kann einen Menschen zum Lügner machen / Es kann manche dazu bringen, auf Nägeln zu schlafen / Und andere dazu, Feuer zu schlucken." Gerade in dem Moment, wo Tausende dem Beispiel der echten Hippies folgten (und wohl auch dem Vorbild von Dylan) und sich bereit machten, alle Arten von Feuer zu schlucken, warnte er also ganz unzeitgemäß, aber aus bitterer Erfahrung: Zurück, bevor es zu spät ist! In einem anderen Lied aus dieser Zeit, 1968 von den Byrds aufgenommen, heißt es: „Nichts wurde geliefert / Und es ist an dir zu sagen / Was du im Sinn hattest / Als du alle zahlen ließest" („Nothing Was Delivered"). Während die Beatles noch zuversichtlich „All You Need Is Love" verkündeten, nahm Dylan schon die Enttäuschung vorweg, die solche Augenblicksseligkeit produzieren mußte (und in der sie für ihn tatsächlich schon geendet hatte). Das Faszinierende an diesen 1967er „Basement Tapes", die erst 1975 im Original erscheinen sollten, war, daß sie so viel persönlicher waren als das meiste, was Dylan uns in den folgenden Jahren präsentierte. Der Traditionalismus von „John Wesley Harding" wurde erst im Nachhinein richtig verständlich, im Licht von Titeln wie „Too Much Of Nothing", „Nothing Was Delivered" oder auch „You Ain't Goin' Nowhere" und „Tears Of Rage". „Strap yourself to a tree with roots": Leitmotiv war das Bedürfnis, wieder festen Boden unter den Füßen zu finden, Wurzeln zu schlagen, Bilanz zu ziehen und neu anzufangen im Bewußtsein, daß man sich nicht von der eigenen Herkunft abschneiden kann. So baute sich Dylan eine neue Identität auf: der Familienvater, der Country-Sänger, der „gemäßigte Mann", wie es Jon Landau damals formulierte. Und gleichzeitig begann er, wieder die Bibel zu lesen und seine jüdische Vergangenheit neu zu entdecken.

Es heißt, daß die Opfer traumatischer Erlebnisse nicht selten die Erinnerung an alles verdrängen, was zu diesem Erlebnis geführt hat. Bob Dylan sprach später von den Jahren nach dem Unfall als einer Zeit des „Gedächtnisverlusts". Bewußt oder unbewußt wollte er nichts mehr wissen von den extremen Erfahrungen vor dem 29. Juli 1966. (Die Annahme einer klinischen Amnesie würde die seltsame Unkonzentriertheit von Dylans Arbeit in der „Nashville" Periode erklären.) Erst im August 1971, beim Konzert für die Flüchtlinge von Bangla Desh, sang er überhaupt wieder „Blowin' In The Wind" und „Hard Rain". Kurz darauf widmete er eine Platte dem im Gefängnis ermordeten George Jackson. 1974 endlich war er bereit zum Comeback. Mit The Band durchzog er die Vereinigten Staaten und spielte vor allem die alten Lieder wieder, „Protest" so gut wie Rock, zum Teil in schockierend neuen Verkleidungen, aber ohne Abstriche. Die Zeile „Sometimes even the president of the United States must have to stand naked" traf perfekt die Stimmung vieler Amerikaner im Frühjahr vor Richard Nixons Rücktritt. Aus der Bewegtheit dieser Tournee entstand auch innere Bewegung: die Platte „Blood On The Tracks" (1975) brachte endlich wieder die Direktheit und auch die rücksichtslose Ehrlichkeit von früher zurück und wurde zu einem gewaltigen Erfolg bei der Kritik (obwohl Dylan sich fragte, wer denn diese Art von ungefiltertem Schmerz genießen könne). Die erneute Anerkennung erlaubte es endlich, die verlorenen Meisterstücke von 1967 zu veröffentlichen — obwohl sie natürlich längst als Bootlegs im Umlauf gewesen waren. Der nächste Schritt war noch unerwarteter, aber folgerichtig: Bob Dylan umgab sich im alten Greenwich Village mit den Freunden aus der Folk-Zeit, Phil Ochs, Jack Elliott, David Blue, und stellte die „Rolling Thunder Revue" zusammen, bei der von Joan Baez bis Allen Ginberg kaum ein großer Name aus den Sixties fehlte — und mit T-Bone Burnett war mindestens ein zukünftiger Stern am Liedermacher-Himmel vertreten. (Nur der unglückliche Phil Ochs war dann doch nicht dabei: sein Alkoholismus und seine notorische Unzuverlässigkeit wurden ihm zum Verhängnis. Noch während die „Revue" unterwegs war, nahm sich Ochs in einer tiefen Depression wegen der politischen „Tendenzwende" das Leben.)

1976 schien Dylan zunächst höher zu fliegen als je zuvor: „Desire" wurde zu seiner ersten „Nummer 1". Aber sein persönliches Leben versank in dem Aufruhr, der sich in „Blood On The Tracks" angedeutet hatte; und dementsprechend erlitt auch sein Schaffen einen erneuten Bruch. Die „Rolling Thunder Revue" versandete irgendwo im Fernen Westen, und die Ehe mit Sara Lowndes wurde 1977 schließlich geschieden. Als 1978 in Japan eine monumentale Welttournee begann, die erste seit 1966, gingen dann wieder einmal wilde Gerüchte um: daß Dylan wegen der Scheidung Geld brauche oder weil der Film „Renaldo & Clara" bei Publikum und Kritik durchgefallen war — oder gar daß er den freigewordenen Platz von „King" Elvis Presley einnehmen wolle. (In Wirklichkeit war die ganze Sache viel früher geplant worden: bereits im Mai 1977 hatte Dylan den Vertrag mit dem Promoter Jerry Weintraub unterschrieben.) Einmal mehr waren auch die Reaktionen extrem: Während Der Spiegel Dylan auf seine bekannte Weise erledigte, bevor noch die Konzerte in der Bundesrepublik stattgefunden hatten („Vom Protest zum Schubidu"), widmete ihm in Frankreich „L´Express" eine Titelgeschichte. In England hieß es nach anfänglicher Begeisterung, das letzte Mal sei er eben doch besser gewesen (wobei nicht klar wurde, ob mit dem letzten Mal nun 1969 oder 1966 gemeint war). In der Widersprüchlichkeit dieser Reaktionen spiegeln sich die alten Mißverständnisse, die Widersprüche, die immer wieder aus Dylans Rollenspielen (und seiner ewigen Flucht vor allen Rollen) entspringen. War er nun musikalisch ein Folksänger, ein Rocker oder gar (wie Der Spiegel vermerkte) ein Schlagerheini? War er — von den

Texten her gesehen — ein Prophet, ein Poet, ein Engagierter, ein Opportunist? War er ein Künstler, ein Politiker oder ein karrierebesessener Scharlatan?

All diese Fragen stellten sich erst recht nach der laut verkündeten Bekehrung zum Christentum von der „Born Again"-Sorte. Zyniker wollten überhaupt nur einen kommerziell motivierten Überraschungscoup vermuten. Politisch Engagierte befürchteten, wie schon während der Country-Phase, ein Abschwenken ins Lager der rechtsgerichteten Saubermänner und -frauen von der „Moral Majority". Kenner der amerikanischen Liedermacherszene wiesen schließlich darauf hin, daß andere erklärt christliche Sänger, etwa der Kanadier Bruce Cockburn, in gleicher Absicht sehr viel bessere, weil subtilere Platten produzierten. Bob Dylan selbst begnügte sich damit, an die Erfahrung von Newport 1965 zu erinnern, als er erstmals mit einer elektrischen Rock-Band vors Folk-Publikum trat. Buhrufe 1965, Buhrufe 1979. Stimmte der Vergleich? Mußten die Buhrufer auch diesmal, reuigen Sündern gleich, früher oder später zugeben, daß Dylan trotz seiner vermeintlichen Kehrtwendung im Grunde sich selbst treu geblieben war?

Einmal mehr war es nötig, Bob Dylans ganzen Werdegang im Licht der neuesten Entwicklung zu überdenken. Wievielen Mißverständnissen und Fehleinschätzungen war er nicht schon ausgesetzt gewesen! Schon am Anfang seiner Karriere, als er aus dem heimatlichen Mittleren Westen nach New York gekommen war, war er ja von einem Folk-Klub abgewiesen worden mit der Begründung: „Du klingst wie ein Hillbilly — wir wollen Folk-Sänger hier..." Und genauso wie er die intellektuellen, städtischen Pseudo-Volksmusiker durcheinanderbrachte durch seine Nähe zur *wirklichen* Volksmusik, so verwirrte er sogar seine Anhänger in der Folge immer aufs Neue. Kaum hatten sie ihn aufgrund der ersten LP „Bob Dylan" als puren Traditionalisten eingestuft, erwies er sich mit „A Hard Rain´s A-Gonna Fall" oder „With God On Our Side" als der beste Liederschreiber der Bürgerrechts- und Anti-Kriegs-Bewegung. Kaum sang das halbe junge Amerika „Blowin´ In The Wind", präsentierte er „Another Side Of Bob Dylan" und protestierte: „Ich bin´s nicht, Baby, ich bin nicht der, den du suchst..." Und kaum hatte sich das Publikum halbwegs an den introspektiven Songpoeten gewöhnt, da erstürmte er schon die Hitparaden mit der Rock-Hymne „Like A Rolling Stone"... all das in den ersten vier Jahren seines Schaffens, und entsprechend war es seither ja auch weitergegangen.

Aber eigentlich wäre es zur Zeit der „christlichen" Platten „Slow Train Coming" (1979), „Saved" (1980) und „Shot Of Love" (1981) ohne weiteres möglich gewesen, die alle Wendungen überdauernden Konstanten in Dylans Person und Werk zu benennen. Musikalisch zunächst: Trotz seiner mitunter revolutionär wirkenden Neuerungen hatte er sich immer im Rahmen der (afro-) amerikanischen Volksmusik bewegt, zwischen Blues, Country, Rock'n'Roll und eben auch von jeher Gospel (schon auf jener allerersten LP findet sich das traditionelle „Gospel Plow"). Wie er selbst einmal sagte: das ist es, was er kennt und beherrscht, mehr wird er nie dazulernen — und mehr braucht er nach eigenem Verständnis auch gar nicht. Kein Wunder, daß ihn die Liebhaber der Avantgarde nach 1966 gern als alten Langweiler abschrieben! Und was die Texte betrifft: sie waren auch in den „politischsten" Zeiten nie von einem analytischen politischen Bewußtsein geprägt, vielmehr von einem starken, aber allen realpolitischen Überlegungen abgeneigten moralischen Empfinden. Selbst als reine Gedichte haben sie sich — abgesehen von ein paar wortkünstlerischen Glanzleistungen wie „Gates Of Eden" oder „It's Alright, Ma" — gedruckt nie halb so gut ausgenommen wie gesungen. Brutal gesagt: Dylans Worte in Buchform könnten niemals erklären, warum ihn Allen Ginsberg als „Amerikas größten lebenden Dichter" bezeichnete — sie sind nur ein schwacher Abglanz dessen, was auf Platte oder gar im Konzert herüberkommt.

Aber mit dieser scheinbar ernüchternden Feststellung ist schon viel gesagt über Dylans wahres Talent: er ist kein revolutionärer Musiker, kein disziplinierter Schreiber, schon gar kein politischer Denker oder hellsichtiger Theoretiker; seine Kunst besteht vielmehr in der zutiefst poetischen *Verbindung* von Wort und Musik. Er ist ein Sänger im ursprünglichen, dichterischen Sinn des Wortes. Ein Dichter also insofern, als alle großen Sänger — von Bessie Smith bis Bob Marley — Dichter in einer primär oralen, mündlichen Tradition sind, der Tradition der schwarzen und weißen Volkssänger der Neuen Welt, die zugleich jener der afrikanischen „Griots" verwandt ist — oder auch jener des chassidischen osteuropäischen Judentums, dessen Musik ja nicht unbedeutender ist als das Schrifttum. (Vergessen wir nicht, daß Bob Dylans Vater Abraham Zimmerman als Kind noch jiddisch sprach — und daß Dylans Lieblingssängerin die Ägypterin Om Khalsoum ist.) Die Rede ist mithin von einer Art der Dichtung, die — anders als die westeuropäische in diesem Jahrhundert — nicht in erster Linie über das gedruckte Wort wirkt und dadurch zunächst zum Verstand spricht, sondern „right to the heart", um eine von Dylans typischen Wendungen zu zitieren: direkt zum Herzen. Wie oft haben sich Dylan-Fans nicht geärgert über Dylans Schnitzer, seine Denkfehler und Bildungslücken, seine Uninformiertheit — wie oft gleicht er doch Morgensterns Wiesel, sitzend im Bachgeriesel, nur um des Reimes willen! Und umgekehrt: wieviele seiner Zuhörer haben sich in ihrem Innersten angesprochen gefühlt von dieser „menschlichsten aller Stimmen" (Günter Amendt), ohne große Englischkenntnisse und ohne viel Ahnung davon, was da eigentlich gesungen wurde...

„I Live In Another World"

Der Zugang zu Bob Dylan führt unmittelbar über seinen Gesang, es ist „the way he does the things he does", mit Smokey Robinson gesprochen, die Art, *wie* er singt, die ihn außerordentlich macht — die Art, wie er phrasiert, wie er betont und nicht betont, wie er wahre Wortkaskaden komprimieren kann, um dann ein paar Silben desto länger hinzuziehen. Die Lieder auf „Highway 61" hatte er seinerzeit als „Übungen in tonaler Atemkontrolle" beschrieben, das war zynisches Versteckspiel und zugleich die simple Wahrheit. Was nicht heißen soll, daß er je ein reiner Stilist war und gar nichts zu sagen gehabt hätte — nur lag die Aussage immer zu einem guten Teil in der Form, in der sie ausgedrückt wurde. Das Medium ist die Message!

Dylan selbst hat natürlich oft und gern bestritten, daß er überhaupt eine Botschaft habe. Von seinen politischen Liedern hat er einmal gesagt, sie handelten von nichts, und seine späteren Songs handelten vom selben Nichts, nur in einem größeren Zusammenhang gesehen, den man vielleicht das Nirgendwo nennen könne. Solche Sprüche sind typisch für Dylans Flucht vor den Versuchen, ihn einzuordnen. Aber tatsächlich verstand er sich wohl auch während der „Gospel"-Tourneen von 1979 und 1980 weniger als Prophet oder Missionar denn als Zeuge einer Erfahrung — und diese Rolle ist gar nicht so weit entfernt von dem, was von jeher seine eigentliche Motivation war. Schon als Kind habe er sich wie ein Außenseiter gefühlt, habe andere Dinge gesehen und gefühlt als die Menschen seiner Umgebung, erzählte er vor einigen Jahren. Und: Er lebe eigentlich nicht in der wirklichen Welt. „Mein Reich ist nicht von dieser Welt", in der Tat! „I live in another world" sollte er auch 1985 auf „Empire Burlesque" wieder singen. Oder in einem weniger feierlichen Ton: „If you ask me why I´m drunk all the time / It levels my head and it eases my mind... I see better days and I do better things!" („I Shall Be Free", 1963). Dylan ging es von allem Anfang an um das *Andere* , darum, daß die Welt und wir selbst anders sind oder sein könnten, als wir zu wissen glauben. Politisch, poetisch, mystisch, religiös, immer war er auf der Suche nach neuen Worten für diese Grunderfahrung, weil die einmal gebrauchten Formulierungen mit deprimierender Regelmäßigkeit mißverstanden und auf das Weltlich-Alltägliche reduziert wurden. So gesehen war die Hinwendung zum „wiedergeborenen" Christentum keine Überraschung, so wenig wie die vorausgegangene (und später erneuerte) Beschäftigung mit dem orthodoxen Judentum. Wenn wir Dylans alte Lieder und auch Interviews durchforschen, stoßen wir auf unzählige biblische und anderweitig religiöse Bezüge; und der Film „Renaldo & Clara", entstanden in der Zeit unmittelbar vor der „Wiedergeburt", ist erst recht voll davon. Aber schon 1966, in der „surrealistischen" Zeit, hatte Dylan gesagt: „Traditionelle (Folk-)Musik gründet auf Hexagrammen. Sie kommt aus Legenden, Bibeln, Seuchen, und sie kreist um Pflanzen und Tod. Alle diese Lieder von Rosen, die aus den Gehirnen von Menschen wachsen, und Geliebten, die in Wirklichkeit Gänse und Schwäne sind, die sich in Engel verwandeln — sie werden niemals untergehen. (...) Man sollte meinen, die traditionellen Musiker könnten aus ihren Liedern lernen, daß das Mysterium eine Tatsache ist..."

Das Mysterium eine Tatsache: das ist die mystisch-religiöse Erfahrung in ihrer reinsten Form, das — wenn irgend etwas — ist auch Dylans Programm. Wenn er in den jüngsten Konzerten (1988/89) wieder auf die alten Folksongs des 19. oder gar 18. Jahrhunderts zurückgreift, dann erschließt er sich nur erneut eine der tiefsten Quellen seiner Grunderfahrung. Inmitten der glitzernden Sound-Landschaft der achtziger Jahre mag er wie ein wandelnder Anachronismus wirken, wenn er — der Alte mit der Mundharmonika — unermüdlich die Welt durchzieht, ein wandernder Troubadour, der von längst vergangenen Zeiten kündet. Oder ist es vielmehr so, daß er zum Botschafter einer anderen, zeitlosen Welt geworden ist, in der „life and death are memorized" („Dark Eyes"), in der die vielbeschworenen Sixties und damit seine eigenen klassischen Lieder kaum mehr zu unterscheiden sind von den alten englischen und irischen Balladen, von den

Songs eines Woody Guthrie oder Robert Johnson oder Blind Willie McTell? Die Beschäftigung mit der musikalischen Vergangenheit dominiert auch neuere Platten wie „Knocked Out Loaded" und „Down In The Groove". Die letztere schließt mit der alten Country-Nummer „Rank Strangers To Me", wo der Sänger, quasi ein moderner Rip Van Winkle, in seine Heimat zurückkehrt und nur noch fremde Gesichter findet. „I feel like Woody Guthrie right now", sagte Dylan 1984 in Verona auf die Frage, ob er sich seinem großen (und letzten) Vorbild nahe fühle.

Wegen all der Diskussionen um Bob Dylans religiöse Orientierung, seine Glaubwürdigkeit und sein Hin und Her zwischen evangelistischem Christentum („Saved") und messianischem Judentum („Infidels") ist allzu oft übersehen worden, daß die Zeit zwischen 1983 und 1985 zu seinen fruchtbarsten und spannendsten Phasen gehört. Die allererste Frage auf der Pressekonferenz von Verona 1984 war, ob sich Dylans religiöse Ansichten geändert hätten — „Hmmm...slightly", war die lakonische (oder ironische?) Antwort. Aber viel interessanter wäre es gewesen zu erfahren, was die erstaunliche Wende in seiner Arbeitsweise und Produktivität bewirkt hatte, die in „Infidels" (1983) und auch noch „Empire Burlesque" (1985) resultierte. Nachdem noch „Street-Legal" (1978) und auch „Shot Of Love" (1981) im bekannten, oft fast chaotischen Schnellverfahren aufgenommen worden waren, begann sich Dylan jetzt zum ersten Mal den Methoden und Realitäten der modernen Studiotechnologie zu stellen, mit teils mehrmonatigen Aufnahme- und Abmischabläufen. Bezeichnenderweise entstanden gerade zu diesen Platten auch die ersten Videos, am bemerkenswertesten wohl jenes zu „Jokerman", der poetisch wie religiös vielschichtigen Glanznummer auf „Infidels". Die wahre Dimension der „Infidels"-Periode wurde allerdings erst deutlich, als die unveröffentlichten „Outtakes" aus „Infidels" in Form von Raubpressungen und Kassetten in der Fan-Gemeinde allmählich Verbreitung fanden. So stark und aussagekräftig „Jokerman", „I And I" oder „License To Kill" waren, diese offiziellen Veröffentlichungen wurden noch übertroffen von „Blind Willie McTell", „Foot Of Pride" und „Tell Me". Sogar die schwächeren unter diesen sogenannten „Outfidels", „Julius And Ethel" oder „Death Is Not The End", waren geeignet, Aufschluß zu geben über Dylans politische und religiöse Entwicklung. Ein Lied zu Ehren der hingerichteten „Atomspione" Julius und Ethel Rosenberg wäre auf „Infidels" wohl eine echte Sensation gewesen; und es ist mit Recht gesagt worden, daß diese LP eigentlich ein würdiges Doppelalbum abgegeben hätte. Auch „Clean Cut Kid", „Tight Connection To My Heart" (als „Something's Got A Hold On My Heart") und möglicherweise noch weitere Lieder auf „Empire Burlesque" hatten ihren Ursprung schon zur Zeit von „Infidels". Das gleiche kreative Überschwappen fand dann wieder statt zwischen „Empire Burlesque" und „Knocked Out Loaded" (1986) mit dem episch-kinematischen „Brownsville Girl" (ursprünglich „New Danville Girl") und „Driftin' Too Far From Shore". Dieser ganze Reichtum an zum Teil erstklassigen Songs bleibt im einzelnen zu analysieren; sicher macht er die Jahre 1983-85 vergleichbar mit Dylans anderen „großen" kreativen Phasen von 1962-63, 1964-66, 1967-68 und 1974-75.

Ein Grund, warum Dylans Kreativität in den achtziger Jahren zu wenig beachtet wurde, ist sicher die nicht abreißende Serie von immer neuen Tourneen in aller Welt. 1978 war er erstmals nach seinem Unfall wieder außerhalb der USA unterwegs gewesen. 1981 und 1984 folgten weitere Europa-Tourneen, 1986/87 ein geradezu gigantischer Trek durch den Fernen Osten, Nordamerika und Europa, den er 1988/89 in neuer Besetzung wiederholte. Es scheint, daß Dylan ganz bewußt die Rolle des wandernden Troubadours auf sich genommen hat. — Wie ein Botschafter aus einer anderen Zeit, wirklich wie ein Rip Van Winkle, wirkte er auch, als er im Sommer 1985 auf der Bühne des „Live Aid"-Spektakels vor ein Fernsehpublikum von Millionen in aller Welt trat. Zwar hatte er kurz zuvor „Empire Burlesque" vom aktuellen Sound-Papst Arthur Baker neu abmischen lassen, um den Erfordernissen der Eighties Genüge zu tun. Als letzter Stargast bei „Live Aid" markierte er jedoch sozusagen den Großvater des Protests. Er sang drei seiner alten „Fingerzeiglieder", darunter jenes wunderbar rachsüchtige, biblisch-brechtianische von der „Stunde, wenn das Schiff ankommt", mit der unter diesen Umständen geradezu ironischen Zeile: „And the whole wide world is watching..." In der Tat, und was sie sah, war ein scheinbar völlig unvorbereiteter und nervöser Dylan, trotz (oder gerade wegen) der zwei Rolling Stones an seiner Seite das pure Gegenteil des cool-professionellen Mick Jagger wenige Minuten zuvor. Und dann diese deplazierte Randbemerkung, er hoffe, daß eine Million oder zwei doch auch den notleidenden US-Farmern zugute kämen... Der Eindruck von „desperater Senilität" — der Ausdruck stammt von Diedrich Diederichsen — war für Uneingeweihte wohl kaum zu vermeiden. Wer dachte schon in diesem Moment an den Zusammenhang zwischen US-Landwirtschaftspolitik und dem Hunger in Afrika? Dabei hatte Dylan erst auf „Empire Burlesque" den äußerst erhellenden Satz geprägt: „Der Hunger zahlt einen schweren Preis / An die fallenden Götter von Geschwindigkeit und Stahl." Nur erwartete halt niemand mehr von Bob Dylan Kluges zur Weltlage, und der für Fans erfrischend ungeschliffene „Live Aid"-Auftritt trug wohl auch nicht zur massenhaften Vertiefung in sein neueres Werk bei. Schade, daß die Welt stattdessen nicht jenen zweiten Wohltätigkeits-Gig vom September 1986 zu sehen und zu hören bekam, der effektiv auf Dylans Randbemerkung über die US-Farmer zurückging. Denn für „Farm Aid" präsentierte sich der ewige „Jokerman" ungleich besser und eindrücklicher, mit Tom Pettys Heartbreakers als Begleitgruppe und jenen exzellenten Gospel-Sängerinnen, deren Stimmen schon die Tourneen und Platten von 1978 („Street-Legal") bis 1981 („Shot Of Love") geprägt hatten.

Mit dieser Formation ging Dylan dann 1986/87 auf Tournee, zuerst im Fernen Osten und in Nordamerika, dann — nach einem sommerlichen Intermezzo mit den Grateful Dead — auch in Europa. Was allerdings wie ein solides Comeback angefangen hatte — unter dem vielleicht satirischen, aber vielversprechenden Titel „True Confessions" — gipfelte im Herbst 1987, als „Temples In Flames"-Tour, in einer erneuten Gratwanderung, die ihren kontroversen Anfang ausgerechnet in Israel nahm. „Tempel in Flammen": was Dylan dem teilweise schockierten israelischen und dann westeuropäischen Publikum bot, waren nicht mehr die wohlerprobten „Greatest Hits" der ersten Tourphase. Vermutlich unter dem Einfluß von The Dead hatte er, schon immer ein Freund der (oft gewagten) Improvisation, ein völlig neues Format gefunden für seine Auftritte, ein Format, wie es zumindest im Rahmen eines Rock-Konzerts noch nie versucht worden war. Abend für Abend ein radikal anderer Ablauf, mit weitgehend ausgetauschten Songs in neuer Reihenfolge, das Prinzip der Überraschung als einzige Konstante, ein Konzept , das im immer perfekteren und standardisierteren Rock-Zirkus wirklich schockieren mußte. Da traute sich einer, seine größten Hits mitunter auch mal nicht zu spielen und dafür die Fans mit halbvergessenen Leckerbissen zu erfreuen, von „The Ballad Of Frankie Lee And Judas Priest" bis „When I Paint My Masterpiece"! Auf den Tourneen von 1988/89 ließ sich Dylan vom Gitarristen G.E. Smith gar zu traditionellen Folk-Einschüben inspirieren, in deren Rahmen auch Volkslieder aus dem alten Irland oder dem amerikanischen Bürgerkrieg zum Zuge kamen. Jedenfalls ist dafür gesorgt, daß die mittlerweile zahlreichen Dylan-Biographien und -Chronologien immer gleich nach Erscheinen wieder überholt sind.

Daß Dylan nach „Empire Burlesque" als Songschreiber wieder eher unfruchtbare Zeiten erlebt hat, ist unbestreitbar; davon zeugen die vielen Fremdkompositionen auf den letzten Platten, aber auch die Konzerte mit fast lauter eigenen Klassikern. Die Zusammenarbei mit Tom Petty & The Heartbreakers erbrachte nur drei neue Lieder: die Single „Band Of The Hand" („It´s Hell Time, Man"), „Got My Mind Made Up" auf „Knocked Out Loaded" und „Jammin´ Me" auf Pettys „Let Me Up (I´ve Had Enough)". Für den Richard Marquand-Film „Hearts Of Fire" spielte Dylan die John Hiatt-Nummer „The Usual". Auch die vieldiskutierte Zusammenarbeit mit Dave Stewart von den Eurythmics und mit U 2 brachte als einziges Resultat das Lied „Under Your Spell" auf „Knocked Out Loaded". Oder trügt der Schein einmal mehr?

Tatsache ist, daß unser Lieblingschamäleon zur Zeit wieder so gut dasteht wir schon lange nicht mehr. Für die 88er US-Tournee mit G.E. Smith gab es Lobeshymnen in Rolling Stone, USA Today und New York Times. Quasi inkognito, als Lucky Wilbury von den Traveling Wilburys (im Verein mit Tom Petty, Roy Orbison, George Harrison und Jeff Lynne), überraschte der Mann mit der Dylan-Maske außerdem duch ein paar absolut erstklassige Lieder, die bittersüße Liebesballade „Congratulations" etwa oder das parodistische Gangster-Epos „Tweeter And The Monkey Man". Nein, es ist entschieden zu früh, „Mister Tambourine Man" abzuschreiben. Wer es trotzdem tut, riskiert vielleicht schon im Herbst ´89 eine weitere (angenehme) Überraschung, wenn nämlich die Songs herauskommen, die Dylan dem Vernehmen nach im Frühjahr 1989 mit dem Produzenten Daniel Lanois in New Orleans aufgenommen hat. „Sein bestes Material seit 15 Jahren", hieß es irgendwo. Aber hinter solchen Pauschalisierungen steckt immer auch Unkenntnis von Dylans neuerem Werk. Wie Bruce Springsteen auf der „Rock´n´Roll Hall Of Fame"-Feier sagte: Wenn irgend ein junger Sänger eine Platte wie „Infidels" oder „Empire Burlesque" abgeliefert hätte, wäre postwendend vom „neuen Dylan" die Rede gewesen... Auch die neueste Biographie, die von Bob Spitz, handelt die zweite Hälfte von Dylans langer Karriere hastig auf den letzten fünfzig Seiten ab — weil die einstige „Stimme einer Generation" heute nichts mehr zu sagen hätte? Wohl eher, weil die späteren Verwandlungen Dylans, von der familienorientierten Country-Phase über die vielgeschmähte christliche „Wiedergeburt" bis zu den neuesten Tournee-Eskapaden, nicht mehr so leicht einzuordnen und zu bewerten sind wie die frühere Rebellenpose. Das Musik-Business ist — mitsamt der zugehörigen Presse — seit dem Rock´n´Roll jugendorientiert geblieben. Es ist schlecht vorbereitet auf Musiker wie Dylan (oder Leonard Cohen, oder Van Morrison), die diesen Rahmen sprengen, indem sie sich wieder in die große, zeitlose Tradition der Troubadoure und Songpoeten einreihen.

Bildlegenden

9 London
10 Konzertplakate in Rom und Paris.
11 Eintrittskarte Dortmund/Fotopass.
12 Nürnberg/16.9.1987
13 London/15.10.1987
14 Berlin (Ost)/17.9.1987
15 Stuttgart/29.9.1987
16 Berlin (Ost)
17 Berlin (Ost)
18 Berlin (Ost)
19 Berlin (Ost)
20 Jerusalem/7.9.1987
21 Berlin (Ost)
22 Berlin (Ost)
23 Frankfurt/28.9.1987
24 Frankfurt
25 Nürnberg
26 Im Vorprogramm: Roger McGuinn, der Gründer der Byrds/Nürnberg.

Tom Petty And The Heartbreakers (Dylans Begleitband):

27 Tom Petty, Gitarre und Gesang/Nürnberg
28 Mike Campbell, Gitarre/Nürnberg
29 Howie Epstein, Bass/ Nürnberg
30 Stan Lynch, Schlagzeug; Benmont Tench, Keyboards/London 15.10.1987

31 Tel Aviv/5.9.1987
32 Paris/7.10.1987
33 Stuttgart
34 Frankfurt
35 Stuttgart
36 Nürnberg
37 Berlin (Ost)
38 Hannover/20.9.1987
39 Nürnberg
40 Dortmund/15.9.1987
41 Nürnberg
42 Nürnberg
43 Bob Dylan mit Backing Vocals „The Queens Of Rhythm" (Madeline Quebec, Carole Dennis, Queen Esther Marrow)/Nürnberg.
44 London/17.10.1987. Links im Bild George Harrison; er begleitete Dylan bei der Zugabe.

45 London / 17.10.1987
46 Hannover
47 Stuttgart
48 Nürnberg
49 Nürnberg
50 Frankfurt
51 Nürnberg
52 Nürnberg
53 Hannover
54 Nürnberg
55 Berlin (Ost)
56 Nürnberg
57 Nürnberg
58 Locarno(Schweiz) / 5.10.1987
59 Locarno
60 oben: Arena von Verona / 1.10.1987; unten: Verstärker
61 oben: Beleuchtungsanlage; unten: Mischpult
62 Polizeikontrollen vor der Konzerthalle in Rom / 3.10.1987.
63 Hannover
64 Nürnberg
65 Nürnberg / „After the show".
66 Nürnberg
67 Posterverkauf in Rom.
68 Dylans Songliste von München / 30.9.1987.
69 London
70 Rom
71 Plakatverkäufer in London.
72 Ambivalenz . . .; Tour-Truck / Rom.
73 . . . but don´t follow leaders! / Frankfurt.

Georg Stein, geb. 1954, lebt als freier Journalist und Fotograf in Heidelberg. Studium der Politischen Wissenschaft und Geographie. Sein Hauptarbeitsgebiet ist der Palästina-Konflikt. Buchveröffentlichungen: Die Palästinenser (1988); Palästina. Menschen und Landschaften (1989).

Martin Schäfer, geb. 1948, lebt in Basel. Dissertation über „Science Fiction als Ideologiekritik". Begann 1970 über Bob Dylan zu schreiben. Seit 1978 ist er leitender Musikredakteur bei DRS-3, dem Radio der deutschen und rätoromanischen Schweiz.